희망꽃

이춘희 시집

KWANG JIN
광진문화사

이춘희 시집
희망꽃

인쇄 2021년 3월 20일
발행 2021년 3월 25일

지은이 이춘희
발행인 유차원
펴낸곳 광진문화사
발행소 04556 서울 중구 마른내로 4가길 5
　　　　남양빌딩 3층 광진문화사
전　화 02-2278-6746
작가 이메일 lch012829i@hanmail.net
출판 등록 제2-4312

*이 책의 저작권은 저자에게 있습니다.
*저자의 서면 동의 없는 무단 전재 및 복제를 금합니다.
*인지는 생략합니다.
*잘못된 책은 바꿔 드립니다.

희망꽃

이춘희 시집

| 시인의 말 |

시집을 엮으며

시인은 상상미의 창조자입니다. 슬픔을 차츰차츰 정서화시킵니다. 시인은 의(意)를 구상하기 위하여 형상을 빌립니다.

희망꽃은 물방울을 좋아합니다. 리듬을 타고 아무도 가보지 못한 4차원의 세계로 빠져들어 갑니다. 얼었던 땅속을 헤집고 나오는 새싹들의 몸부림이 없다면 찬란한 태양이 무슨 소용이 있겠습니까?

이번에 첫 시집을 선보이게 된 것은 많은 지인들의 도움이 있었기에 가능했습니다. 자연에 순응하며 모나지 않은 평범함으로 작고 예쁜 꽃을 피워보았습니다.

앞으로도 계속하여 크고 화려한 꽃을 피우도록 노력하겠습니다. 감사합니다.

2021년 3월 선사주거지 벤치에서
이 춘 희

| 서문(序文) |

바위샘에 자생하는 풀꽃

봉숭아 꽃물처럼 곳곳에 순정이 배어있는 이춘희 시인의 첫 시집 『희망꽃』에는 수많은 꽃들이 등장한다.

전4부로 구성된 시집목차를 살펴보면, 제1부는 '연꽃', 제2부는 '안개꽃', 제3부는 '상사화' 그리고 제4부도 '봉숭아꽃'이다.

많은 작품 속 이춘희의 화자들은 자신을 둘러싸고 있는 그간의 상실과 결여를 거름삼아, 오히려 이 세상 어디에도 없는 특별한 꽃들을 피워낸다.

그 꽃들은 자연의 화원이 아니라 화자의 마음밭에만 존재하는 비밀의 정원에서 재창조된다. 그것들은 이름하여 희망꽃, 눈물꽃, 감사꽃, 희생꽃, 깨달음의 꽃이자 자신과 닮은 운명을 가지고 "바위샘에 자생하는 풀꽃" 등이다.

시인은 꽃들이 피고 지는 사계절에 빗대어 인생을 논하기도 하고, "사랑이 있으면 사막도 외롭지 않다"고 사랑의 힘을 역설하기도 한다. 그런 사랑의 유전자는 부모님으로부터 내려받은 태생적인 것이며, 어찌할 수 없는 것조차도 "상사화는 이룰 수 없는 운명이 아니"라는 내재적인 존재의 강한 힘을 보여주기도

한다.

그리하여 삶과 인생에 대한 무한긍정과 사랑을 동력으로 그는 오늘도 "지혜와 따스함이 공존하는/아름다운 하나의 길"을 묵묵히 걸어가고 있다.

때론 외롭고 때론 힘들지라도, 그의 발걸음을 따라 길섶마다 뜨겁게 피어날 찬란한 꽃들은 남모르는 카이로스의 시간이 되어 시인의 화원을 더욱 환하게 밝혀 주리라 믿는다.

강서일 (시인. 문학평론가)

| 축하의 글 |

아름답고 향기로운 시집 〈희망꽃〉을 위하여!

근래 방송가를 휩쓰는 트롯 열풍은 100년 전통의 한국 가요를 30여년째 방송해오는 KBS 1TV의 〈가요무대〉가 원조격이 아닌가 싶습니다. 그런데 〈가요무대〉는 매주마다 주제를 정하여 방송하는 바 언젠가 〈가요속의 꽃을 주제〉로 방송하는 걸 보았는데 가히 〈노래의 꽃다발〉처럼 느껴졌습니다.

요즘 지구촌을 고통에 빠뜨리는 코로나 19의 팬데믹 상황에서 이춘희 시인의 시집 〈희망꽃〉은 〈가요무대〉에서 방송된 〈노래의 꽃다발〉처럼 아름답고도 향기로운 〈시의 꽃다발〉이라고 소개드리고 싶습니다. 이 시집의 차림을 〈제1부 연꽃〉 〈제2부 안개꽃〉 〈제3부 상사화〉 〈제4부 봉숭아꽃〉으로 정한 것만 보아도 〈시의 꽃다발〉인데, 여기에 실린 〈시의 꽃〉들마다 아름다움과 향기를 품고 있어서 독자에게 마음의 위로와 영혼의 힐링을 선사한다는 것입니다.

그리하여 저는 코로나 19로 인한 〈집콕 시대〉의 독자님들에게 큰 선물이 될 이춘희 시인의 시집 〈희망꽃〉의 발간을 진심으로 축하드리며 독자 여러분의 뜨거운 사랑을 받기를 기원하는 바입니다.

한국문인협회 소설분과 회장 이은집(시와창작 주간)

| 차 례 |

시인의 말 | 시집을 엮으며 / 4
서문(序文) | 바위샘에 자생하는 풀꽃 / 5
축하의 글 | 아름답고 향기로운 시집 〈희망꽃〉을 위하여! / 7

제1부 연꽃

봄의 향연 / 16
가을이 참 좋다 / 17
시월의 마지막 날 / 18
가을 사랑 / 19
구절초 / 20
과꽃이 피었습니다 / 21
향수 / 22
다시 꽃을 피고픈 욕망 / 23
단양쑥부쟁이 / 24
희망꽃 / 25
사이갈이 / 26
두물머리 갈대꽃 / 27
마곡사(麻谷寺) / 28
초대형 가물치와 대왕문어(KRAKEN) / 29
그리움 / 31
바보 사랑 / 32
봉쥬르 찻집 / 33
단풍 / 34
산수원(山水園) / 35

순이언니 학교 가는 길 / 36
물과 빛 / 37
영은사 관음보살님 / 38
왕달맞이꽃 / 39
코스모스(COSMOS) / 40
리도카인 공포 / 41
창문 밖 단풍 / 42

| 차 례 |

제2부 안개꽃

조약돌 / 46
나의 소중한 사랑아! / 47
찔레꽃 / 48
인도네시아 숨바섬 / 49
시어머니의 태몽 / 50
소꿉친구 / 51
바위와 담쟁이 / 52
사랑의 기도 / 53
안개꽃 / 54
폐품 줍는 할머니 / 55
폐품 줍는 선생님 / 56
가을의 기도 / 58
내 안의 기도 / 59
코로나 19 / 60
들꽃 / 62
첫눈이 오면 / 63
싸락눈 / 64
포인세티아 / 65
첫눈이 오면 만나고 싶은 사람 / 66

안시리움 / 67
첫눈은 사랑을 타고 / 68
십자가의 길 / 69
크리스마스 전야 / 70
곰나루 전설 / 71
잠시인데 왜 마음이 / 72

| 차 례 |

제3부 상사화

목감천 둘레길 / 76
두물경 / 77
무궁화 / 78
팽목항 / 79
만추 / 80
만개(滿開) / 81
공복(空腹) / 82
구기자 / 83
체루(體淚) / 84
능소화 / 85
유년의 그림자 / 86
마음의 길 / 87
인생 / 88
호반에서 / 89
조각 / 90
가을산 / 91
상사화 / 92
지심도 / 93
암사동 선사인의 후예 / 94

바람의 흔적 / 95
경포호 / 96
노을 / 97
암서재(巖棲齋) / 98
달팽이 사랑 / 99
오월 / 100
오월의 연가 / 101
고향 / 102

| 차 례 |

제4부 봉숭아꽃

봉숭아 꽃물 / 106
아버님의 잔디 / 108
하얀 나무 / 109
모래알 / 110
불면의 조각 / 111
반사 / 112
침묵 속의 영상 / 113
어머니 / 114
동행 / 115
길 / 116
들꽃송이 / 117
이슬방울 / 118
별 / 119
빗방울 / 120
분꽃의 갈등 / 121
겨울연가 / 122
구기자 사랑 / 123
고엽(枯葉) / 124
삶의 향기 / 125

정열의 춤 / 126
금강의 가물치 / 127
빈자리 / 128

제1부 연꽃

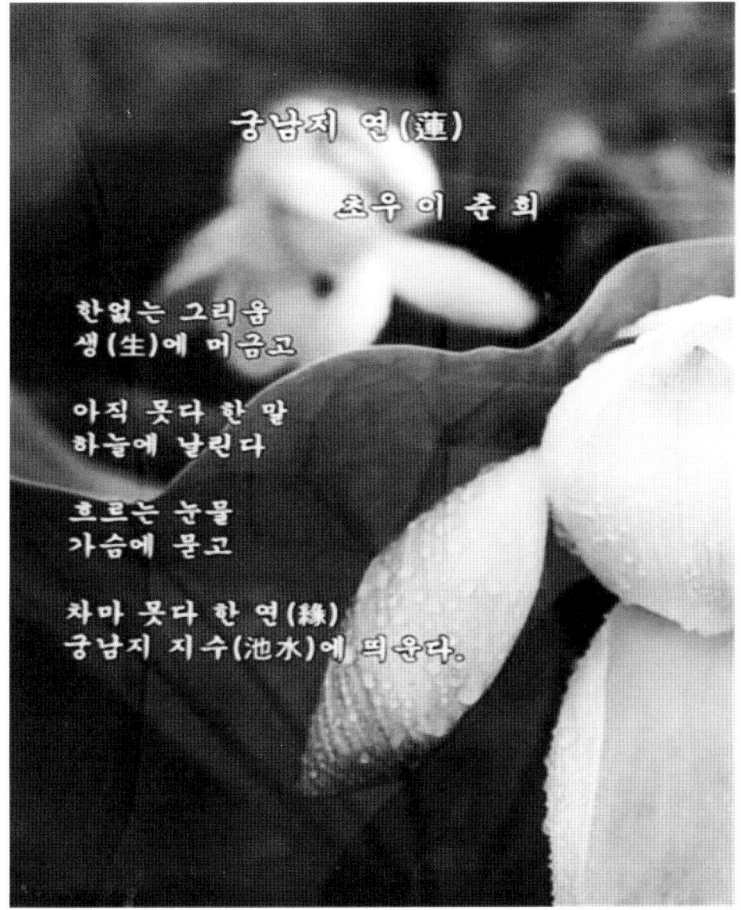

궁남지 연(蓮)

초우 이춘희

한없는 그리움
생(生)에 머금고

아직 못다 한 말
하늘에 날린다

흐르는 눈물
가슴에 묻고

차마 못다 한 연(緣)
궁남지 지수(池水)에 띄운다.

제1부

연꽃

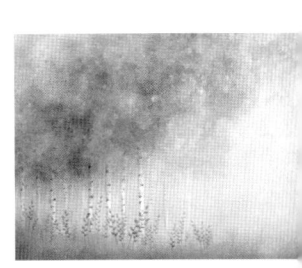

봄의 향연/가을이 참 좋다/시월의 마지막 날
가을 사랑/구절초 /과꽃이 피었습니다
향수 /다시 꽃을 피고픈 욕망/단양쑥부쟁이
희망꽃/사이갈이/두물머리 갈대꽃/마곡사(麻谷寺)
초대형 가물치와 대왕문어(KRAKEN)
그리움/바보 사랑/봉 쥬르 찻집/단풍
산수원(山水園)/순이언니 학교 가는 길
물과 빛/영은사 관음보살님/왕달맞이꽃
코스모스(COSMOS)/리도카인 공포

봄의 향연

생명을 틔우는 소리
세심한 움직임의 진행형
꽃잔디 피어나는 봄
흔들거리는 그리움

마음을 불지펴주는 소리
물빛 그림자 속에 빠진 사연
입가에 머문 미소는
마지막 사랑을 노래한다

잔잔한 물이 흐르는 널따란 들판
연두빛 작은 잎 파르르
저 높은 곳 파란 하늘에
하얀 구름은 흐르고

높고 높은 언덕엔 보랏빛 연가
그리움 쌓인 빗물은 터지고
눈물 마른 계곡엔
이끼 끌어 안은 바위샘
나비 한 마리 팔랑대고 있다.

가을이 참 좋다

지루한 장마가 끝나고
연이어 찾아온 태풍도 물러간 사이
계절은 어느덧 가을의 문턱에 성큼 들어섰습니다
아침저녁 신선한 바람과
청명한 하늘이 가을의 기운을 물씬 풍기게 합니다

새들을 쫓으라 꽂아놓은 허수아비
주인 마음은 멀리 보내고 두 팔 벌려
참새 들새 다 모여라 가을잔치 벌립니다

시월의 한가위 펼쳐지는 황금들녘
코스모스 가는 허리 한들한들 춤을 춥니다
커다란 미루나무도 노란잎 흔들어 새들을 부르고
해님 닮은 해바라기 가슴 벌려 사람들을 부릅니다.

시월의 마지막 날

파란 가을하늘
하늘빛이 바다 같아요

거리엔 은행잎이 우수수 떨어져 뒹굴고
가을의 정취가 끈끈한 정을 나눠줍니다

붉은빛 단풍들
자연이 주는 행복감
아름다운 잎들의 속삭임을 들어보세요

이쪽저쪽 신비한 기쁨
샘물처럼 솟아나는 힘
조금씩 무리하지 않도록
마지막 잎만은 남겨두세요.

가을 사랑

비 온 뒤 나뭇잎 맑은 빛이
물들어 가는 산수정엔
가슴 뜨겁게 그리움이 타오른다

여름 가고 파란 하늘이듯
고운 빛 예쁜 사랑으로
몸도 마음도 곱게 물들어간다

가을빛과 서늘한 바람 안고
탐스럽게 익어가는 열매처럼
삶의 고지를 넘어
가을 사랑 진정으로 존중한다.

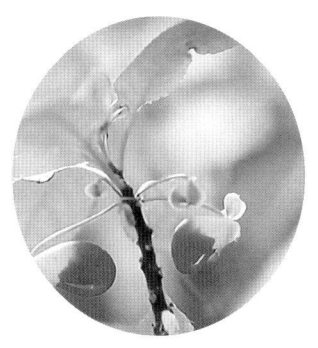

구절초

고향의 푸른 초원 논둑 밭둑에
밝은 은빛 연한 핑크색 구절초가 만발했지

맑은 공기 속에 피어나는 구절초는
밤새 내린 이슬에 넓은 주름이 선명하고
순백의 중심에 노란 꽃심이 더욱 상큼했지

조상들은 구절초를 들국화라 부르고
어머니는 9월 9일 중양절에
구절초를 꺾어서 조청을 만드셨지

분홍색 구절초는 글공부 떠난 아들
빈 책상 위에 꽂아놓고
두 손 모아 빌고 빌으셨지

과꽃이 피었습니다

소나무 숲과 쪽문이 있는 사랑숲
포근한 품속에 새들의 속삭임

인연의 정이 쌓이는 보금자리
붉은꽃 하얀꽃의 과꽃이
꽃밭 가득 예쁘게 피었습니다

시골 학교 정원 작은 꽃들
느티나무 그늘 아래서
잎새 부드럽게 한들한들

팔월의 햇살 아래
창문에 비치는 우연한 그림자
굳게 맺은 언약은 하늘여행 보내고

희미하게 전해오는 맑은 향취
삶의 여유를 통해 부르는 소리
메아리로 돌아와 가슴에 앉습니다.

향수

그리움 어리는 소리
눈 감아도 고향의 정경 펼쳐진다

황새가 많던 황새골
지금은 흔적마저 사라지고
지워진 기억을 주워 모아본다

마을을 지켜주던 350년생 느티나무
6·25 때 총탄에 시커멓게 타버린 가슴
보호수 되어 일편단심 쇠실마을 지켜주고 있다

웃골에 월하감 붉어지면
조부님 큰항아리에 침시된 월하감
삼사일 후엔 달콤한 그 맛
고향 떠난 지금은 영영 느껴볼 수가 없다

세월의 자취 텅 빈 가슴
그 시절 그 사람 떠나고
시월엔 황금들녘으로 포근히 감싸주던 고향
할머니 닮은 하얀 박꽃이
쇠실 떠난 댕이를 반겨주고 있다.

다시 꽃을 피고픈 욕망

바위틈의 이름 모르는 초록잎들
낙엽이 쌓이고 소슬바람이 불어와도
시들지 않고 무럭무럭 자라고 있다

다시 꽃을 피우려는지
이심전심 붉게 타오르는 꽃처럼
피고 지고 또 피어나는 신비

푸르름의 무성함도 대견하지만
가을을 즐기는 단풍잎의 소근거림
따뜻한 체온이 계속된다면
희망꽃도 피울 듯 한데

단양쑥부쟁이

멸종위기의 솔잎국화
연이은 태풍을 이겨내고
바람개비 마을 계곡에 다시 피었다

냇가 모래땅에서 자라
태양빛에 활짝 웃고
별빛 아래 그리움 모아
사랑하는 임을 향해
그 깊이만큼 진한 향기를 내뿜는다

알고 보면 줄기마다 가득한 사연
정담아 건네준 순정
스치는 바람에도 터질 것 같은 가슴
사냥꾼을 애타게 기다리는 불쟁이 딸
단양쑥부쟁이

희망꽃

골짜기에는
어느새 빨간 꽃이 피었다
꽃진 꽃대를 바람이 스쳐간다
뜻 모를 이미지만 남기고
산은 더 먼 산으로만 보인다

우주를 포옹한 별
사랑의 세레나데가 유리 시간 속으로 흐른다
못 다한 말 꿀벌처럼 속삭인다

희망꽃 풀잎에 대롱대롱
아침 햇살을 만날 때
찬란한 빛으로 마음 설레게 한다
바위는 진주를 아름답게 수를 놓는다.

사이갈이

선산을 이천 평 개간하여
황토밭에 들깨 참깨 수박 참외
종류도 가지가지

여름날 원두막에 앉아
개똥참외가 달단다
개구리참외도 있다는 걸 그때 알았습니다

산들바람 불면
자줏빛 밤고구마 줄줄이
병아리 떼처럼 총총총
김장배추 무우 자랄 땐 솎아주며
사이갈이 거친 흙덩이 부드럽게 다독였습니다

소슬바람이 불어오면
십리 길 오일장에
송아지 앞세우신 뒷모습
울 할아버지 아련히 떠오릅니다.

두물머리 갈대꽃

기다림과 서러움은
갈대꽃으로 피어난다

그리움이 사무치면
두물머리 갈대숲을 자주 찾는다

노루와 고라니가 사랑을 나누던 자리
갈대꽃이 피어나는 시월을 손꼽아 기다린다

계절이 바뀔 때마다 깨달음의 꽃
꿈속에서 새하얀 꽃으로 피어오르면
노을빛에 가는 허리가 유난히도 반짝인다.

마곡사(麻谷寺)

세계문화유산으로 등재된 천년 고찰
법문을 열 때 모여든 사람 수가
삼대 같이 많다 하여
이름 지어진 마곡사

앞 냇가 암벽에 자생하는 고란초
비오는 날 마음의 번뇌를 씻어주는 돌다리
명상길 따라 흔들리는 풍경소리
연못에 쓰르라미 소리 가득하다

극락교를 지나 해탈문과 천왕문
바위 주먹 부릅뜬 눈 사천왕 왈

"사람답게 살아라"

두 손 모으고 솔바람길을 오르면
배흘림이 완연한 기둥 대웅보전과 영산전
네 개의 싸리나무 기둥을 안고 비는 소원
그리운 옛 이 다시 만날 수 있기를

* 옛 이 : 초등학교 때 친구

초대형 가물치와 대왕문어(KRAKEN)

연한 갈색
흙갈색 얼룩무늬가
수초 사이에서 꿈틀거린다

어김없이 새벽 4시가 되면
물 밖으로 기어나와
나무 위를 살금살금 기어오른다

부드럽고 매끄러운 감촉
돌출되어 있는 턱으로
잠들어 있는 몸을 흔들어 깨운다

밝은 태양이 떠오를 때까지
원초적 애무는 계속된다
온 몸에 흐르는 땀방울
풍덩 물속으로 뛰어드는 순간
전설 속에 나오는 크라켄이
이 기회를 놓지지 않는다

긴 팔을 내밀어 덥석 끌어안고

커다란 빨판의 강력한 힘으로
온몸을 꼼짝달싹 못하게 만든다

빠져나오려는 사투
움직일 수 있는 공간은 전혀 없다
크라켄의 승부는 3박 4일간 계속된다

혼미하고 몽롱한 상태로 축 늘어지고
머리가 위아래로 납작해질 때
감았던 밧줄이 드디어 풀린다
다시 살아날 수 있을까?

그리움

서쪽에서 동녘을 바라보는
작은 새의 눈빛
나무 꼭대기에 연둣빛 피어난 봄
밤새 촛불 한 자루
속 뜨거운 강물 흐르게 한다

그리움
황혼 끝에 다다른 인연
꽃 질 때마다 머무른 바위의 어깨
마음과 마음이 멀기만 한 눈물꽃
돌고 돌아 동그라미만 그린다.

바보 사랑

바람도 잠자는 포근한 아침
붉은빛의 단풍잎이
듬직한 바위 사랑에
엎드려 인사를 한다

날개를 펴듯 사랑은 오직 하나
쪽배를 타고가도 두려움은 없다

몸까지 훔쳐간 베고니아
순정 때문에 쏟아낸 눈물
행복한 마음은 바보 사랑의 원천
너무나도 바위를 사랑하고 있으니

봉쥬르 찻집

검단산과 팔당댐이 보이는
푸른 느티나무 아래
마주 앉은 연인이 아름답다

긴 터널을 빠져나와
허리를 감싸 안고
대추차 한 잔을 함께 마신다

불빛에 반짝이는 눈동자
굵어진 손등의 정맥에선
푸른 파도가 꿈틀대고

오랜만에 찾아온
홍련 백련을 보고 인사를 한다
안녕하십니까?

단풍

괴산 칠보산에 불이 났네
불꽃처럼 번지는 산등성이
푸른빛 삼켜버린 골짜기
어지럼증 일 듯 다가서는 바위

활활 타오르면 어떠리
가파른 산허리를 감도는 바람
주체할 수 없이 밀려와
내 가슴을 붉게 물들이네.

산수원(山水園)

낯선 열매 친근한 풀꽃 들국화 향기
예쁜 꽃사랑을 안고 가는 산들바람
아침에 스르르 눈을 뜨면 꿈속이지만
사랑 안에 더 큰 사랑 있기에
서로 한마음 붉게 타오르고 있다

자세히 보면 비밀스런 넝쿨장미
화려함은 누군가의 가슴에 묻어두고
투명하게 보이는 끈끈한 그물집
보이지 않는 곤충들의 세상
이슬 먹고 꽃속에서 가을을 즐기고 있다

희망꽃 돌틈사이 고운 단풍잎
붉은빛 행여 지워질까봐
하이선에 떨어진 가지
애틋한 시선으로 바라보고 있다.

* Haishen : 바다의 신(2020년 제10호 태풍)

순이언니 학교 가는 길

아침 이슬 털고 사뿐사뿐 학교 가는 길
밤새 이불 덮고 깨어난 달맞이꽃
영롱한 노오란 입술 마음껏 벌려
순이언니 오기만을 기다리고 있네

팔짝팔짝 뛰어다니던 냇둑길
오른쪽 냇물 끼고 큰 둑방길
살금살금 기어오르는 연분홍 메꽃
순이언니 얼굴 보며 방긋이 웃네

달개비꽃 예뻐라 순간의 즐거움
아름다움에 취해서 미끄러진 순이
도깨비바늘 다닥다닥 다다닥
깜짝 놀란 소리쟁이 바들바들 떠네.

물과 빛

봄볕이 내리쬐는 공원에
순백의 백합이
눈안의 빙점 된다

듬직한 바위틈에 작은 생명
바위와 이끼는 천생연분
사계절 보듬고 살피는
아슬아슬한 인연

바위샘에 자생하는 풀꽃이여
너는 나와 닮은 운명
물과 빛이 없으면 살아갈 수 없다.

영은사 관음보살님

매일 아침 일찍 일어난 비구니스님
금강에서 물방울 마친 후
리듬에 맞춰 몸풀기를 한다

뾰족이 솟은 바위에 걸터앉아
무지개 색색의 단풍잎 일곱 개를 실에 꿰어
극락조 보관을 쓴 관음보살님 목에 걸어놓고

"가을 행복하세요?"

왕달맞이꽃

기다림
말 없는 사랑
밤하늘 달님만 바라보는 야래향

낮이면 오므라들던 꽃잎이
밤이 되면 피어나
아침이 될 때까지
그윽한 향기를 뿜는다

죽을 때와 살아날 때

정열은 분수처럼
마음 활짝 사랑 듬뿍
부드러운 이불을 펴놓고
미리내로 꿈같은 여행을 떠난다.

코스모스(COSMOS)

내 키 보다 한 뼘 더 크게 자랐기에
부러운 눈으로 바라보았던 하얀 코스모스

십리길 이슬 털며 운동화 축축해져도
속상한 맘 달래주던 연분홍 코스모스

가을빛 끌어안고 고운빛 가을가을
절절한 애기 들려주던 진보라 코스모스

시원한 강바람이 살랑살랑
아름다운 가을 정취 안겨주던 빨간 코스모스

질서정연한 일체로의 우주를 만들기 위해
제일 먼저 만들었다는 코스모스(COSMOS)

리도카인 공포

가을빛 아름다운 오후
바람결에 이리저리 구석구석 낙엽의 무덤
치과 가는 날
며칠을 망설이다 마음 달래며
느린 걸음으로 병원에 도착했다

리도카인 부작용이 있어요
반 앰풀만 사용하죠
원장님 말이 끝나기가 무섭게
손바닥부터 상체로 붉은 피돌기
가려움증 동반한 채 고통이 엄습해 온다

119구급차에 실려 종합병원 응급실
해독주사, 물도 주세요
놀란 가슴 가족 지인 마음 멍들게 한 날

외계인 닮은 체질
선천적일까 후천적일까
4차원의 세계에서 살아야 할 운명
밤새도록 고민을 되씹어 본다.

창문 밖 단풍

햇살이 비추는 밝음과
마음도 맑아지는 아침
감사와 행복한 하루
사랑을 축복해 주듯 오색단풍은 물들고

신을 위한 예쁜 변화이지만
조건 없이 내어주는 사랑
아름다운 너의 마음 가슴에 안고
더 깊은 사랑의 정의를 터득한다

이 가을에 설레는 가슴으로
행복을 나누리라
심장이 뛰는 한 영원히
신을 잊지 않으리라.

제2부 안개꽃

제2부

안개꽃

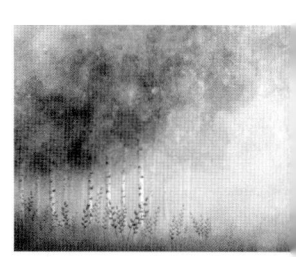

창문 밖 단풍/나의 소중한 사랑아!
찔레꽃/인도네시아 숨바섬/시어머니의 태몽
소꿉친구/바위와 담쟁이/사랑의 기도
안개꽃/폐품 줍는 할머니/폐품 줍는 선생님
가을의 기도/내 안의 기도/코로나 19
들꽃/첫눈이 오면/싸락눈/포인세티아
첫눈이 오면 만나고 싶은 사람/안시리움
첫눈은 사랑을 타고/십자가의 길
크리스마스 전야/곰나루 전설

조약돌

이름 모를 해안가
바람 따라 물결 따라 멀리도 흘러왔지

고요함 속에 또 다른 세상
여린 손으로 허락없이 들어와
따스한 눈빛 꽃빛을 흡수했지

낯선 곳이지만 찡그리지 않고
어리둥절했지만 싫어하지 않고
조금은 답답했지만 행복하게 적응했지

정년도 은퇴도 없는 길
높고 빛나는 시인의 길
부러운 눈길을 많이 받을 것 같아
기대해 보렴

나의 소중한 사랑아!

사랑하는 마음으로 밤이 새도록
함께 했던 아름다운 시간
백만 송이의 리듬에 맞춰
차 한 잔의 여유

사랑하는 마음이
멜로디의 감미로움이
출렁이는 파도보다 거센 물결이
아름다운 곡선의 파문을 일으키듯
영원한 미로여
우연인가 필연인가
그런 건 따지지 말자
사랑아,
나의 크로노스여!

* 크로노스(Kronos) : 텅빈 시간. 지금 인식되지 않는 시간.

찔레꽃

연초록으로 단장한 풀잎 사이로
하얀 면사포 노란 마스카라

남한산성 만해기념관
뒤뜰에 찔레꽃 자매들
살랑바람에 춤을 추고 있다

허공을 맴돌던 벌 나비
찔레꽃 향기에 취해 방향을 잃은 듯
순간 혼미한 정신이 된다

잊을 수 없는 순정
님의 침묵
사랑은
바위와 꽃이 하나가 된다

인도네시아 숨바섬

병풍처럼 펼쳐진 신비한 섬
제주도 보다 다섯 배나 큰 숨바섬

석회암층으로 척박하고 황량한 벌판
곡물은 오직 옥수수뿐
비가 오지 않은 건기에는
일주일 이상 굶어야 하는 사람들

그 시기에는 쌀과 밀가루를 공급해야 하는
선교사의 또 다른 땀방울
그곳에 세워진 교회에는
검은 눈동자의 아이들의
가슴으로 부르는 찬송이 있다

일생을 헌신과 사랑으로
그 땅에 묻히는 희생의 꽃
덩그러니 보이는 묘비 앞에
눈물로 드리는 기도가 있다.

시어머니의 태몽

시어머니 닮아
며느리도 아들 마당
손주 며느리도 꽃자리에 고추마당

미소 뒤에 아쉬움 한 점
치마 끝에 달랑달랑
공주 보기가 하늘의 별 따기구나

큰 손주가 해냈다
할머니 만세다
열한 번째 가서야 공주를 보았다

온 가족이 웃음꽃
기쁜 증손녀 예쁜꽃
건강하고 지혜롭게 자라거라
지빈이가 방긋방긋 웃는다.

소꿉친구

우리는 소꿉친구입니다
어린이 같은 영성을 지닌
참으로 사이좋은 친구입니다

우리는 영원한 친구입니다
신랑 각시 되어 방도 꾸미고 부엌도 만들고
흙으로 밥을 짓고 풀잎으로 찬도 만들고
연지곤지 찍은 예쁜 친구입니다

수줍은 미소 머금고
양지바른 언덕에서 웃고 있습니다
걱정근심 모르고 살아가는
천진난만한 소꿉친구입니다.

바위와 담쟁이

듬직한 바위가 말을 하네
네가 나의 마음을 알겠느냐고
네가 있어 사랑의 온기를
전할 수 있어서 행복하다고

언제나 변함없는 그 자리
붉은잎 떨어지면
봄날 연둣빛으로 돌아올 것이기에
여유로운 기다림의 기쁨
이별 없는 이별의 손을 붙잡고
바위와 담쟁이는 사랑을 나눈다.

사랑의 기도

텅 빈 마음
당신의 음성으로 채워주소서

하루의 첫 시간
기도로 경건함으로 임하게 하소서

겹겹이 쌓인 낙엽 속에
아픔도 눈물도
녹아내리는 당신의 기도소리
간구하는 심령 분별하게 하소서

햇살에 살아온 나날들
그리움의 언덕
하얀 손에 희망꽃 피어나 듯
평안을 주소서.

안개꽃

하얀 별을 닮은
순결한 한 떨기 꽃
만지면 깨질까 애잔한 꽃

안타까움에 다가선
눈물감춘 그리운 날엔
안개꽃 한 아름 안았지

생각은 촛농처럼
떨어져 흘러내리고
마음 문 열어 놓고

기쁨의 순간 그대로
아름다운 꽃송이 되어
차오르는 아침

폐품 줍는 할머니

그저 푸르고 싶던 시간
아쉬움 언저리에 이슬 맺히고
하나 둘 멀어져간 이별
서러운 눈빛 머뭇거린다

반가운 만남은 오랜 기억
할머니의 약속 없는 골목길
긴 머리 딸의 그림자는 어디에
하루는 멀기만 하다

허리 굽은 할머니 수레엔
당신의 키보다 높은 박스빌딩
수레바퀴의 끝점은 어디쯤일까
담장 사이 노란 민들레 홀씨
흐르는 바람에 날아서 간다.

폐품 줍는 선생님

잘 생긴 고등학교 영어선생님이
정년퇴직을 하시고 폐품을 줍는다
누구 보다 먼저 새벽에 일어나
골목에 쌓여있는 종이박스 신문지 알루미늄캔 빈병들을
손수레에 가득 싣고 고물상으로 간다

무겁고 힘이 들고
수고한 대가가 너무 적어 궁리 끝에
작은 용달차를 구입하였다
신나게 콧노래를 부르며
넓은 지역의 폐품을 많이도 수집하였다

한 달에 한 번
통장에 쌓인 돈은 고아원에 기부하고
폐식용류로 손수 만든 비누는 친지들에게 나누어준다
학창시절 좋아했던 영어선생님이
퇴직 후 폐품을 수집하여 선행을 하는 모습을 보고
참으로 훌륭한 선생님이라고 자랑을 하였다

그런데

내 말을 들은 국어선생님은 다른 생각이었다
다세대주택과 아파트를 세놓고 부유하게 살면서
자기 돈으로 선행을 하지 않고
불우한 노인들과 장애자들이 줍는 폐품을
그들보다 먼저 싹쓸이를 하여
그 돈으로 선행을 하는 것이
과연 존경받을 일일까?

가을의 기도

돌 틈 사이 피어나는 들꽃
소리 없이 끄덕입니다
숨어 피는 꽃이 아름답습니다

깨달음의 늦은 고백
향기 품은 꽃으로
곱디 고운 안시리움 꽃잎처럼
붉게 물들고 싶습니다

너울진 단풍숲길
고요한 침묵 속에
당신을 불러봅니다

마음에 감사꽃이 피어나게 하소서
사랑으로 감싸 주소서
곱게 물드는 가을
주렁주렁 열매 맺게 하소서.

내 안의 기도

진실하지 않은 세상 길
나를 위해 함께 하시며
눈물 고일 때 현명함 주시네

길 위에 너머저도
그분은 나를 위해 곁에 계시네
어둠이 앞을 가려도 길을 인도해 주시네

아픔도 사랑으로 감싸가는 겨울날
그 분의 빛 나를 위해
함께 하신다는 것을 알아요

겨울 속 따뜻한 햇살처럼
보듬어 주시는 걸
알고 있으니까요.

코로나 19

2019년 12월
중국 후베이성 우한시에서 처음 발생한 뒤
중국 전역과 전 세계로 확산된
호흡기 감염질환이다

단시간 사라지겠지
안일한 생각은 일상을 뒤엎어버리고
인간을 비웃듯 바이러스는
순식간에 엄습해 왔다

헝클어진 사회경제 시스템
교육은 온라인
행사는 비대면
교회 출석은 좌석수의 30~50%허용

어려운 살림도
답답한 숨막힘도 참아야 한다
마스크 쓰기, 손 씻기
거리두기, 모임 금지

전 세계로 번져가는 팬데믹 현상
찬바람 불어오니 확진자는 늘어만 가고
그 어느 때보다 힘든 연말
마음만은 따뜻함을 잃지 않았으면 좋겠다

조금만 지나면
화이자 백신, 모더나 백신
임상 결과 94.1% 효과
2021년에는
우리도 안정된 일상으로 되돌아갈 수 있을까
희망을 걸어본다.

들꽃

노을빛으로 산그늘 질 때
상상 속 피어나는 잔잔한 꽃무리
미소 번지는 공간의 울타리를
쑥쑥 오르며 기쁨을 나누고 있다

숲속의 속살을 기억하듯
여정의 고운 기다림 끝에서
부는 바람

작은 가지 소망의 등불 달고
사랑의 종소리 들리는 언덕에
붉은 잎에 입맞춤하는
그림자여!

첫눈이 오면

펑펑 내리던 함박눈
무릎까지 내리는 눈꽃송이
삼십분 거리를 한 시간 걷던 길

넘어지지 않으려고
온 몸이 경직되던 날
그 세월 그 때가 참 그립다

강아지도 덩달아 뛰고
참새들도 합창을 할 때
군불 때시며 사그라진 불씨로
고구마 구워주시던 할아버지

첫눈이 올 때마다
꽁꽁 언 손이
할아버지를 찾는다.

싸락눈

싸락눈이 내려요
마당에 톡톡 튀면서
멀리 튀지도 못할 걸
튕겨보는 싸락눈
귀엽기도 해요

뒤이어 시샘하듯
함박눈이 떡가루를 뿌려요
장독대에 흰 모자를 씌웠어요

큰 가지 작은 가지
금방 하얀 옷을 입히고
까치 발자국 흔적 되돌아 봐요

하얀 눈 속 먹이를 어찌 구할까?
밥 한 술 주는 것 보시던 어머니
새들은 날곡식을 먹는다
여덟살 때 깨달았어요.

포인세티아

꽃처럼 붉은 포엽
오밀조밀 작은 꽃망울
감싸 안은 포인세티아
12월의 열망에 부풀어
사랑의 연가를 부른다

소리 없는 빛으로
기도하는 붉은 잎
다른 꽃과 대조적인
섬세한 너의 모습

보고 싶은 12월 크리스마스 계절
속삭임도 다정한 희망꽃
깨고 싶지 않은 꿈을 꾼다.

첫눈이 오면 만나고 싶은 사람

첫눈이 오면
어느 구군들 설레임 없을까
약속이나 한 듯 고궁으로 간다

손에 손을 잡은 연인들
눈 속을 걷는 사람들의 환호성
눈사람 삐뚤어진 코를 보고 깔깔깔
순수한 눈빛 세상

섣달 중순 첫눈 오는 날
마음은 두둥실
신나는 캐롤이 울려퍼진다
잿빛 하늘에서
기다림의 그 사람이 방긋
함박눈으로 내려올까?

안시리움

꽃봉오리 터트리는 겨울
마음에 잦아들어
꿈속에서 아른거린다

불그레 연지 찍은 꽃심
누구를 기다리나
햇살 쏟아지는 날
물방울무늬 찰랑대며
바람타고 찾아온 베고니아

설레는 느낌으로 다가선 안시리움
붉은 꽃잎에 꽃심 고운 빛으로
한 몸이 된 연리지

베고니아 눈빛으로
겨울 햇살 함께 오르는 희망꽃
첫눈 내리는 테라스엔
사랑의 속삭임이 들려온다.

첫눈은 사랑을 타고

첫눈이 내린다
내리는 눈꽃송이마다
기쁨도 함께 쌓인다

며칠 전부터 잠 못 이루고
밀고 당기며 얼마나 뒤척였던가
첫눈이 오면
첫 사랑과 함께 족자섬으로 간다

두 강이 만나는 곳
커다란 미루나무도 있고
물새들의 둥지도 있고
노루 사슴의 보금자리도 있다

마른 연잎과 갈대숲에
천사가 내려오듯
순백의 하얀 눈이 펑펑 내린다.

마음꽃 피어나는 감사의 기도
어느 순간 물이 되겠지만
첫눈은 사랑을 타고
밤새도록 내리고 있다.

십자가의 길

꽃을 피우고 열매를 맺고
생각이 같아지면 마음도 닮아가는 것일까요

두 번도 아쉬워 세 번 피는 꽃
목화솜 같은 둥지에 꽃이 지면
따뜻한 햇살이 왔다갑니다

수채화 같은 그리움
불타는 재킷을 걸치고
당신을 찾아갑니다

추억이 머물다 간 자리
매서운 바람이 불고 하얀 눈이 날릴 때
외롭고 소중한 분들을 위해
사랑의 온기를 나누려
십자가의 길을 걷고 있습니다.

크리스마스 전야

하늘에는 영광
땅에는 평화

눈이 나리는 크리스마스 전야
외딴 시골 작은 교회에서
탄일종이 땡땡땡 울립니다

외로운 아이에게는 기쁨을
슬프고 고독한 청년에게는 희망을
늙고 병든 노인에게는 위로를

시린 가슴 끌어안는 은총의 시간
간절히 당신께 기도드립니다
2021년에는 코로나19를 물리쳐 주십시오
우리의 잘못을 용서하여 주시고
사랑으로 치유하여 주십시오.

곰나루 전설

눈꽃 닮은 싸리꽃
방울방울 터지는 소리
저 깊고 깊은 산속
오막살이에도 행복이 넘쳐요

졸졸졸 시냇물 돌밑에
방게 소금쟁이 수영을 하고
몽실몽실 버들강아지
솜털 같은 강물이 흘러요

암곰과 나무꾼의
애절한 곰나루 전설
햇살 그림자 끝에
그리움이 웃고 있어요.

잠시인데 왜 마음이

강원도 골짜기 하얀꽃
나풀나풀 구절초 생긋 웃지요
그윽한 향기 따라 마음도 따라가니
꽃잔디 엎드려 사랑을 하지요

산새들 노래소리
단풍계곡 폭포소리
다람쥐 도토리 까먹는 소리

야생화 정결함에 정감은 뜨거워지고
감정이 감성에 사로잡혀 녹아내리듯
한 줄기 쏟아지는 소나기 새찬 몸부림
바람에 날아갈 듯 어느 점에서
나락에 뚝 떨어져 깊이 잠들어버리는

제3부 상사화

제3부

상사화

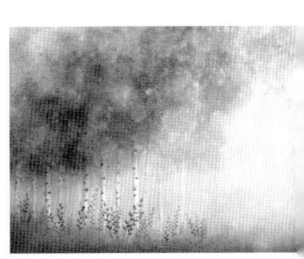

목감천 둘레길/두물경/무궁화
팽목항/만추/만개(滿開)/공복(空腹)
구기자/체루(體淚)/능소화
유년의 그림자/마음의 길/인생
호반에서/조각/가을산/상사화
지심도/암사동 선사인의 후예/
바람의 흔적/경포호/노을
암서재(巖棲齋)/달팽이 사랑
오월/오월의 연가/고향

목감천 둘레길

며칠 사이 드높아진 가을하늘
잉크를 엎어 놓은 듯 파란하늘
구름도 두둥실 파란 그림을 그린다

단감나무 많아서 목암사
그 유래에서 목감천이라
신풍초등학교 그리운 친구여!
둘레길 벚나무 반갑다

물방울 반기는 여유로움
은은한 향기로 데이트하는 오후
구들장만한 징검다리 건너며
잡은 손 놓칠까 봐 염려하였지

걷고 걸어도 끝내
곳곳에 거리두기 붉은 금줄
코로나 환경 앞에 마스크가 원망스럽다.

두물경

남한강 북한강이 하나 된 두물머리
너와 내가 만나서 인생을 시작하는 곳

바람결에 갈대꽃이 흰 구름 따라 두둥실
고추잠자리 날개 위에 가시연꽃 향기 폴폴

족자섬 바라보며 건너지 못하는 아쉬움
물속에 반나체로 무성한 갈대를 휘어잡고
발가락 어루만지며 꿈을 꾸는 가물치
꼬리 흔드는 빠가사리 수염을 물고 있다

사랑할 때와 죽을 때

떠드렁산 끝자락에 물든
붉은 노을빛이 황홀경이다.

* 떠드렁산 : 족자섬의 별칭(떠서 들어온 산)

무궁화

한 뿌리에서 돋아난 무궁화
피고 지고 또 피어 무궁화라네
여름날 수수한 차림으로
가을날 잔잔한 미소로
정을 나눈다

일제강점기 때 남궁 억 선생이
전국에 보급한 무궁화
그 의미를 아는가?

민족혼을 고취시킨 단심
서럽고 답답했던 붉은덩이 간직한 채
긴 세월 안았건만
모진 바람이 불어
이제껏 몸부림치고 있다

백두에서 한라까지
우리 민족의 소원
통일의 꽃은 언제 피어날까

팽목항

가슴 젖도록 바라본다
눈이 멀도록 바라본다
모두 놓아 버린다는 건
얼마나 아찔한 정신분열인가

한 번도 마주하지 못했던
캄캄한 세상 두려워요
엄마 아빠!

멈출 줄 모르는 성난 물결
그리움 밀려오는 설움의 나날
세포의 허물어져 가는 소리

불러보아도 대답 없는 형상만
아픔만 찍어낸다
세월호

만추

언젠가는 시간이 넘쳐
허물어 버릴 기억들
서로 먼 곳에서 반짝인다

바람이 부는대로
정처없이 흘러가는 낙엽
한때를 스쳐가는 낯선 거리에서

부딪치는 인연들
붉은 잎 노란 잎
한가로움이여
부르짖음이여

만개(滿開)

아픔이 찢어지며
다른 재(在)가 되었다

너의 것인가 나의 것인가
알 수 없는 의지여

바람은 태연하고
하늘은 처연하다

이제 그대로 돌아갈 수 없는
아, 나의 만개(滿開)여

그렇게
같은 재(材)가 되었다.

공복(空腹)

다시금 불어오는 바람은
새로운 향기를 품지만
삼켜버린 조각은
쓰디 쓴 아픔으로
설원을 휘젓는다

그저 돌이킬 수 없는 길 위에
얹어놓고 말았나
태연히 찾아오는
시절을 맞이할 때
남김없이 게웠노라고
또 게웠노라고

구기자

이슬 터는 발걸음
태양이 삼켜버리고
파란 줄기마다
작열하는 태양빛

애틋이 숨어 웃는
청양고을 구기자
아낙네의 손끝에서
꿈을 입는다

허리띠에 그리움 감추고
바구니 가득 넘치는 웃음소리
돌아오는 길 위에
살포시 내려앉는다.

체루(體淚)

눈이 오고 비가 오면
늘 고통스러운 신음을 뱉어내던 그 길
능선의 고귀한 풍경을 오르내리며
차곡차곡 담아 두었던 흔적

몇 번이고 돌아가야 할 길 대신
깨달음의 뒤안길
꿈틀대는 풍광이 흔들릴 때
나뭇가지 사이로 햇살은 웃고
바람에 흔들거리는 풀꽃들의 부딪침이
사랑의 연서처럼 스쳐 지나간다

작은 한마디의 위로
한 잔의 그리움으로 젖어드는
때때로 자책도 필요하지

사랑이 있으면 사막도 외롭지 않다
진정 사랑하는 것보다 아름다운 것은
기다리는 것이다

기쁨의 숨결로 흘러가 듯
눈물은 슬픔이 아니다
영혼의 창을 씻어내는
치유의 빗물이다.

능소화

장마비 주룩주룩
하염없이 흐르는 하늘의 눈물
담장 너머 불꽃처럼
타오르는 능소화

임금님 발자욱 소리 들으려고
까치발로 서성이다
죽은 궁녀의 넋이라는 꽃

꽃잎 활짝 열고 귀 기울이는 깔대기꽃
감히 임금님 처소자리 넘보는
당당하고 도발적인 욕망

후루룩 한 줄기 소낙비에도
목을 통째로 꺾어
땅바닥에 나뒹구는 요염한 여인

유년의 그림자

가을의 기도가 익어갈 때마다
금성동 언덕 너머
대궐 같던 영은사

가을엔 노오란 은행잎
발목까지 차오르던 길
봄 여름 가을 겨울
애잔한 그리움으로
피어나는 무지개 추억

잊지 않을 약속도 없이
흩어진 마음들
지금은 어디서
어떤 삶의 꽃을 피울까

되돌아 갈 수 없는 유년의 그림자
중년의 끝자락에서
목리문처럼 새기는 하루

* 목리문(木理紋) : 도자기에 나뭇결 같이 놓은 무늬

마음의 길

하얀 길은 산길 물길이고
가고 있는 길은 한 길이네

먼 훗날에 가는 길도
꼭 가야만 하는 길인가

소리없이 비가 내리네
마음의 길에도 빗물이 적시네

너무 멀리 여행을 떠나왔나
돌아갈 길도 한 길 뿐인데

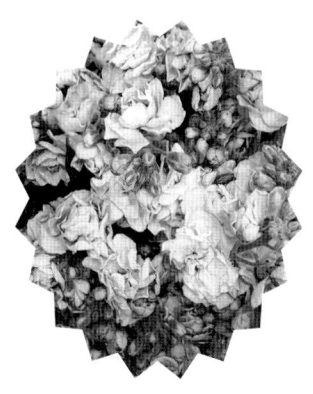

인생

봄볕에 이는 바람은
희망을 속삭이고
입가에 머금은 미소는
작위를 노래한다

여름에 무성한 초목은
자신을 함축하고
입가에 머문 침묵은
생존을 얘기한다

가을에 붉어지는 홍엽은
사랑을 찬미하고
겨울에 내리는 백설은
이별을 통감한다.

호반에서

잠들었던 나룻배 한 척
연인들 웃음소리에
화들짝 놀라고

호수에 잠긴 얼굴
그립도록 먼 그림자
아련히 떠오르면
추억을 묻어둔 마음 속
침묵의 강이 흐른다

영혼의 상흔을
씻어내는 빗물은
소리 없는 침묵

조각

세월의 징검다리에서
삶이 뜨거웠던 시절

고독의 울타리에 갇혀
하얀 침묵으로 별을 따듯
꿈꾸던 열망의 외침

시간의 여행길에서
풀꽃처럼 어리는 여한
떠나는 이
보고픈 이 불러본다

가슴에 묻고
다시는
볼 수 없는 노을이여!

가을산

고요한 산길
말없이 걷는 사람들
한 걸음 한 걸음
삶이 묻어 난다

시간의 바다 속에
잠시 정박을 하듯
마음의 닻을 내린다

수많은 발길 따라
변하는 산길
풀 내음 흙 내음
가슴이 상쾌하다.

세속의 번뇌 속에
조용히 잡아주듯
바람의 추억들을
수놓아 띄운다.

상사화

선운사 골짜기 길가에
고쟁이 벗어버린 채
붉은 연지 단장한 홍자색 상사화
몇날 며칠 기다림에 흩어진
머리카락 하늘로 치솟는 불길인가

물소리 새소리 애타는 임의 소리
보일 듯 보이지 않는 안개 속
일주문을 지나
사천왕께 인사하고
대웅전 관음보살님께
머리 조아려 비는 말

서로 좋아하고 사랑하면
만날 수밖에 없지요

꽃잎 꽃조각 여섯 장으로
포근한 이불을 만들어
암술 수술을 희망꽃 심연으로
상사화는 이룰 수 없는 운명이 아니죠.

지심도

은빛 물방울 수평선
끝없는 통영 앞 바다
청정한 푸른 물결 끌어안고
피어나는 물안개

파도가 부서지는 하얀 거품
끼륵 끼륵 끼르륵
먹이 찾는 갈매기의 비상

유람선은 속절없이
뱃고동 소리 울리건만
님 기다림에 지친 동백섬엔
붉은 꽃무리만 속삭인다.

암사동 선사인의 후예

암사동 큰 솔밭 작은 솔밭은
선사인의 삶의 터전이다

6000년 전 한강변에서
바윗돌 화덕 놓고
모여 살던 움집 가족

돌도끼 돌칼을 만들어
여름엔 한강에서 물고기를 잡고
겨울엔 산속에서 들짐승을 사냥하고

무문토기 빗살무늬토기를 만들어
나무 열매 도토리를 저장하던 암사동선사인들
시공을 초월하여
선사인의 후예로 살아가고 있다.

바람의 흔적

볼라벤 태풍
할퀴고 간 상흔
바라보는 눈빛

침수된 낮은 자리
해마다 젖는 가슴
눈가에 이슬 잔잔한데

성난 비바람
빛조차 삼켜버린 저녁
황토길 돌고 돌아
안개 짙은 삶의 굴레

구월의 바람과 햇살이
수런수런 희망의 끈을
이어 주고 있다.

경포호

초록으로 물든 세상
설레는 기분으로
마음밭에 파란 글을 쓴다

경포 호수 위에 떠도는 구름
높고 낮음의 신비한 조화
하얗게 부서지는 물보라
주인 없는 나룻배 한 척
한 폭의 동양화를 옮겨놓았다

호수에 잠긴 시립도록 먼 그림자
혼자서 견뎌야 할 많은 날들
침묵의 바다를 바라본다

영혼의 창을 씻어내는
하얀 빗물처럼

노을

저 산 봉우리에는
황혼의 저녁 노을이
어깨 위에 얹혀 있다

오늘이 그리워서
이별이 서글퍼서
입술과 눈망울은
붉게 물들었다

하지만
또 다른 내일을 위해
어둠을 물리치고
찬란한 빛을 찾았다.

암서재(巖棲齋)

연초록의 문학순례
오묘한 푸른빛 속에
마음도 초록물에 젖어 버렸다

괴산 화양구곡
금모래 옥석으로 선경을 이룬 금사담
시냇가 벼랑 위에
엄숙히 좌정한 암서재

오랜 세월 흘러온 무언의 시간
우암 송시열 선생님의
크고 깊은 음성이 들리는 듯

넋 잃고 바라본 송자대전
무지한 순례자들 가슴 속에
오래토록 밝혀둘
마음의 등불

달팽이 사랑

비 온 뒤 꽃밭에 살고 있는 각시달팽이는
다이아몬드를 빛나게 하는 최고의 세공사
깊고 오묘함을 쟁취하려
빨갛고 하트형인 불염포 위에
늘어났다 줄어들었다 하는 더듬이로
원석을 갈고 닦아서 예술을 만든다

밤새도록 뚜껑을 덮지 않는 것은
바다를 건너려는 마음의 심지
기다리는 일이 이루어지는 것은
꽃보다 정열적이고 매력적이기 때문이다

궁궐의 향나무 밑에 사는 달팽이
후원의 석가산 돌담까지
엉금엉금 기어서 간 자취
햇볕이 내리쬐는 아침이 오면
나선형의 얇은 껍데기 속으로 들어가
가야금 산조를 튕기면서
기적 같은 놀라운 사랑을 꿈꾼다.

오월

저 언덕 위에
꽃들의 속삭임이
순간순간 미소를 띠며
피어나는 흔들림

허공을 미끄러지듯
가까이 더 가까이
제 본연의 자태로
아름다운 빛깔로

눈부신 오월
별안간 꽃을 사고 싶다
꽃을 안사면 무엇을 산단 말인가
꽃보다 아름다운 오월!

오월의 연가

잔잔한 호수 위에
눈부시게 비춰주는
오월의 태양

혼자는 너무나 아쉬워
풀내음 그윽한 향기 온몸으로 삼키며
푸른 잔디밭을 함께 거닐고파

내 앞에 잠긴 호수
눈앞에 끌어들여
그 가슴에 한없이
부어주고 싶다.

고향

만나보고 싶은 사람들
고향의 흙 내음이 그립습니다
당산 길모퉁이 허리에
소나무가 기다리는 것만 같습니다

사람의 모든 길이
돌아오는 고향에서 멈추듯
정자나무 그늘 아래 바람소리
그 사람 그 얼굴 그 이름
다 잊혀가지만
천천히 걸어서 귀향하고 싶습니다

만나고 싶은 사람
유년의 친구들
바로 그 시절 그 얼굴들

제4부 봉숭아꽃

봉선화

제4부

봉숭아꽃

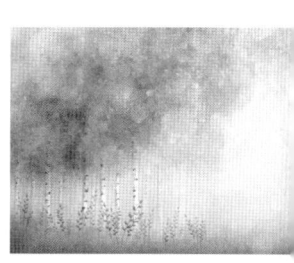

봉숭아 꽃물/아버님의 잔디/하얀 나무

모래알/불면의 조각/반사

침묵 속의 영상/어머니/동행/길/들꽃송이

이슬방울/별/빗방울/분꽃의 갈등

겨울연가/구기자 사랑/고엽(枯葉)

삶의 향기/정열의 춤

금강의 가물치/빈자리

봉숭아 꽃물

팔월이면 가슴 설레게 하는
너는 내 동심의 첫 사랑

담장 밑에 쪼그리고 앉아
해 가는 줄 모르고
고개 숙여 봉숭아꽃잎 위에
잎새 몇 잎 백반 소금 얹어놓고
콩콩콩
아주까리 넓은 치마
뚝 잘라 손톱에 동여 메고
밀담 나눈 나의 첫 사랑

긴 세월 바람 따라 구름 따라
육순에도 간절함 달래주는
너는 나의 꽃 봉숭아!
열 살 소녀의 가슴 뛰던 여름날
부풀은 마음 살짝 스쳐도
갈색 씨앗은 하늘로 솟았지

아침에 눈을 뜨면

아뿔사 두세 개는 이불깃에 물들이고
작은 손톱 주홍 주황빛
그래도 예쁘다 여덟 손가락
아직은 젊다 사랑빛 뚫린 가슴
공주 되어 석가산으로

아버님의 잔디

어린 시절 함께 놀던 느티나무
바람결에 반갑게 맞이해주네

당산 길모퉁이 지나갈 때마다
내 몸을 잡아주던 친구인 바람
통학 길 가로수 그 자리에 머물고

고향의 포근한 엄마품
파란 잔디 아버님의 묘소
나 곁에 있어도 모르시고
철쭉꽃과 함께 하시나요

그만 설움에
아버님 잔디 위에 물풍선 터트리네.

하얀 나무

물을 주어도 싹을 트지 못했던 나무
하얀 보름달 창가에 갸웃 보고 또 보고
열다섯 번 바라봐도 눈치없는 나무
돌아선 달님 기억이나 할는지

수시로 꿈틀대는 이케이지 신호음
까만밤 하얀밤 섣달 그믐밤
가지마다 어둠이 내리고

마른 가지 사이 둥근 물체
묘시의 인연의 가지 툭툭
힘없이 폭염 속으로 들어갔다

주머니 속에 뒹굴던 아픔이
부초처럼 스멀스멀 떠오른다
가슴에 심은 하얀 나무

* 이케이지 : 중환자의 맥박수, 혈압, 산소포화도를 곡선과 숫자로 표시하는 모니터

모래알

소리 없는 낯선 공간
헐떡이던 길고 긴 시간
불빛은 잠든 희미한 공간

물기 마른 바위틈에
말라붙은 이끼마냥
작은 파도가 잠들 줄 모른다

밤낮을 삼켜버린 하얀빛
속살까지 내어주는 생의 몸부림
눈빛으로 주고받는 마음의 소리

삶의 깃발은 어디 두고
헤일 수 없는 모래알
사막을 헤집고 있는가

불면의 조각

세월의 울타리 안에
침묵의 시간이 흐르고
흔들리는 영상은
부끄럼 없는 그림자
떠밀려 버텨온 시간
몸부림의 언어는
허공을 손짓한다

아물지 않는 상처를
헤집듯 자해의 흔적
까맣게 타버린 잔재
불면의 찌꺼기로
쌓이는 침전물
생애 한 모서리를
떼어내고 싶다.

반사

보이지 않는 실체
어찌 꿰메어 볼까
어리석음에 마음 한 점 픽 웃고 간다

망가진 속살들
보듬어 어루만져도
타인인 듯 튕겨나간다

말 많음이 말 없음을
길 위에 팽개치니
돋보기 걸친 개구리 펄쩍
묵언 수행이다.

침묵 속의 영상

거짓으로 말할 수 없는
영상의 실체
생사의 갈림길에서
밤낮을 잃어버린 시간

불빛 아래 표정과 눈빛은
신호등이 되고
계절품은 마른가지에
수액은 흐르건만
꽃순은 어둠속 숨박꼭질

두 손 모은 어머니의
엷은 떨림의 기도
청년은 기약 없는
공간에서 미로를 찾는다.

어머니

모시적삼 고이고이
손질하시던 어머니
세월은 그 손길
머물지 못하게 하고

삶의 강 굽이굽이
설움도 아픔도
잊으신지 언제인가

애절한 그리움
하나 둘 지우시며
하얀 백합꽃
머리에 피우셨네

겨울 햇살 침묵 속에
애증의 그림자 남기시며
며느리 손잡고
숨은 눈물 보이시던
어머니!

동행

소중한 하루
너도 한 번
나도 한 번
스치며 가는 세월
디딤돌 두드리며
함께 가는 길
소나기 장단에도
어깨춤 추며 가는 길

길

황야에 불어오는 뜨거운 열풍
어느새 작은 나무를 태우고 있네

아무리 힘든 길이라도
기쁨 희망꽃 마주하면
그 길은 에덴의 길

지혜와 따스함이 공존하는
아름다운 하나의 길

들꽃송이

미소 지었다 생긋 웃고
내일은 노래 부르고
바람소리에 움츠리는
볼 비비는 들꽃 송이
너의 여린 모습
우연히 밝힌 등불

그날의 일기장엔
어찌 그리 **빠른** 걸음이냐
묻던 친구의 목소리가
밤새 환청으로 새벽을 맞이한다.

이슬방울

토란잎에 은방울 떨어져
또르르 구르다 멈출까
파랗고 넓은 쉼터에서
요리조리 뒹굴다 미끄러지네

수정같이 빛나는 여린 공주님
갸웃이 미소 지으며
쉼없이 구르려네
나와 함께 뒹굴까 웃음 전하네.

별

가슴에 내리는 반짝이는 별
멀리서 멀리서 다가오는 빛
간지럽게 미리내는 흐른다

산처럼 물처럼 사랑이 되어
밤하늘 별과 같이
정다운 여보 고마운 당신

빗방울

비가 내리고 있다
빗속엔 손짓이 있다
눈빛은 눈물이다

머물 듯 사라지는
빗방울 파문속에
크고 작은 이별이 있다

가뭄에 갈라지고 찢겨진
푸른잎의 뒤틀림
흙속의 진통

타는 가슴
흥건히 적시도록 쏟아져라
또 쏟아져라.

분꽃의 갈등

저녁 햇살 누울 때마다
사립문 모퉁이에서
방긋 웃는 새색시

사네의 웃음소리 발자국소리
세월이 허물고 간 자리
소리없는 그리움으로 피어난다

공원 가로등 불빛 아래
분꽃의 갈등
묘시일까 진시일까

바람소리 곁에 두고
밤새 피어있는 분꽃
삶의 무늬를 되돌아보는
저녁

겨울연가

썰렁한 겨울의 한 모퉁이
겨울나무처럼 스스로 비우고
체념의 무게를 끌고 간다

눈송이처럼 가고 싶다
머뭇거리지 말고
서성대지 말고

낙엽이 뒹굴면 바람이 쓸고 가듯
가버린 사계절 돌고 돌아
여기 또 눈송이

이별이 길다 해도
눈송이 되어 그곳에 머물고 싶다
바람 앞에 꽃의 아름다움
가지 끝에 매달린 그리움 한 점

구기자 사랑

파란 가지 끝에
비바람 스치고
작열하는 태양빛
오르내리면

애틋이 숨어 웃던
빨간 구기자의 심볼
아낙네의 손끝에서
생긋이 웃는다.

고엽(枯葉)

가을비 낙엽속에 흠뻑 젖은 은행잎
젖은 잎 헤치며 온기를 찾는다

푸르렀던 젊음은 가고
가을비에 상한 흔적 내려놓고
코로나 바이러스와 투쟁의 시간

침침한 병실의 적막
아무것도 기약할 수 없는
경계에서 돌탑을 쌓는다

황혼의 빛을 안은 채
고엽에 취해 앓던 몸 추스르고
바람이 되어 무덤을 쓸고 간다.

삶의 향기

시간 속에서
공간 속에서
보고 듣고 건네준다

눈빛으로 보내고
소리도 잠재우고
삶의 향기에 한바탕 웃는다

쓸쓸한 거리로 나설 때
누군가 그리워 돌아보니
벚꽃이 방그레 웃는다

철쭉은 수줍은 입술
침묵의 시간이
마음의 길로 달려간다.

정열의 춤

나뭇잎이 폭염을 안고
까만 밤에도 잠 못 이룰 때
왈츠와 부르스는 멈추지 않는다

휴~
짧은 호흡 긴 한숨
바람마저 먼 여행을 떠났는가

머리는 열대야
마음은 모닥불
가슴은 불꽃이다

불타는 정열의 춤
어찌 막을 수 있으랴
부서지는 파도소리
온 몸으로 안고 싶다.

금강의 가물치

금강의 가물치는 팔뚝만 하다
사오십 센티미터도 더 되는 큰 놈이다

밤새 시간가는 줄 모르고
힘겨루기라도 하듯
잠을 잊은 채 낚시질을 한다

얼마나 힘이 센지
땀을 뻘뻘 흘리고
기진맥진 정신이 혼미하다

땀방울은 등을 타고 흐른다
여명이 밝아올 때까지
숨을 가쁘게 몰아쉰다

드디어
커다란 가물치를 낚았다
허기진 배를 채우기 위해
회를 쳐서 먹는다
쫄깃한 맛은 오감을 만족 시킨다.

빈자리

궂은비가 하염없이 내리네
텅 빈 가슴을 적시네
무정한 세월을 가슴에 묻어두고
대답 없는 빈자리를 지켜보고 있네

이 깊은 밤 경적 소리
단잠마저 멀리 가고
이 밤이 다가도록
베갯머리 흠뻑 적시네

수많은 사연
예전엔 몰랐었네 무정한 세월
이제는 아련한 등불
떠나버린 빈자리만
내 곁에 있네.